AF259649

LETTRE INÉDITE

DE VILLEGAGNON

SUR

L'EXPÉDITION DE CHARLES-QUINT

CONTRE ALGER

PUBLIÉE

Par A. DUJARRIC-DESCOMBES,

OFFICIER DE L'INSTRUCTION PUBLIQUE,
CORRESPONDANT DU MINISTÈRE DE L'INSTRUCTION PUBLIQUE,
MEMBRE DE LA SOCIÉTÉ HISTORIQUE ET ARCHÉOLOGIQUE DU PÉRIGORD.

PÉRIGUEUX

IMPRIMERIE DE LA DORDOGNE (ANC. DUPONT ET Cie).

1895

LETTRE INÉDITE

DE VILLEGAGNON

SUR

L'EXPÉDITION DE CHARLES-QUINT

CONTRE ALGER

PUBLIÉE

Par A. DUJARRIC-DESCOMBES,

OFFICIER DE L'INSTRUCTION PUBLIQUE,
CORRESPONDANT DU MINISTÈRE DE L'INSTRUCTION PUBLIQUE,
MEMBRE DE LA SOCIÉTÉ HISTORIQUE ET ARCHÉOLOGIQUE DU PÉRIGORD.

PÉRIGUEUX

IMPRIMERIE DE LA DORDOGNE (ANC. DUPONT ET Cie).

1895

LETTRE INÉDITE

DE VILLEGAGNON

SUR

L'EXPÉDITION DE CHARLES-QUINT CONTRE ALGER

Parmi les documents les plus précieux qu'il soit donné de consulter sur l'expédition désastreuse de Charles-Quint en Afrique, figure au premier rang la relation qu'en écrivit en latin l'un des héros de cette campagne, Nicolas Durand, chevalier de Villegagnon, marin habile et écrivain non moins distingué.

Il y avait dix ans qu'il avait été admis dans l'ordre des hospitaliers, dont son oncle Villiers de l'Isle-Adam était grand maître, lorsque Charles-Quint invita les chevaliers de Malte à joindre leurs armes aux siennes dans une guerre sainte et qui n'avait pour objet, leur écrivait-il, que la ruine des corsaires et des ennemis de la religion.

Le grand maître, Jean d'Omède, restreignit le secours demandé à quatre cents chevaliers qui s'embarquèrent sur quatre galères, chacun suivi de deux valets bien armés, sous le commandement du grand bailli d'Allemagne. La plus grande partie appartenait à la langue de France.

Villegagnon fut un des chevaliers désignés pour cette expédition, où les nôtres devaient faire bonne figure à côté de leurs frères d'armes d'Espagne.

Les historiens sont d'accord sur la manière avantageuse dont il se comporta au siège d'Alger, où il se couvrit de gloire à la vue de tant de nations différentes.

Ce fut donc sous la bannière de l'ordre de Saint-Jean que Villegagnon prit part à une campagne qui fut si funeste à l'armée impériale. Il y fut si grièvement blessé qu'on dut l'emporter du champ de bataille. Ses blessures s'étant rouvertes pendant la traversée à son retour d'Afrique, il se vit obligé de s'arrêter à Rome pour attendre « parfaicte guérison ».

Dans cette retraite forcée, afin de charmer ses loisirs, il se mit à rédiger en latin le récit de l'expédition, où il venait de faire avec tant d'éclat ses premières armes.

Il l'adressa sous forme d'épitre à Guillaume du Bellay, seigneur de Langey, gentilhomme de la chambre du roi, gouverneur du Piémont, frère du cardinal du Bellay, alors évêque de Limoges. Brantôme fait l'éloge de ce personnage qui, après avoir servi, sous François Ier, à la guerre et dans diverses ambassades, voulut être encore utile à son pays en composant, lui aussi, des ouvrages d'esprit. M. de Grammont, parlant de la petite cour de lettrés qui s'était groupée autour de lui, assure que Villegagnon en faisait partie.

Le chevalier voulut être agréable à son maître en lui adressant sa relation de l'expédition d'Alger, qui fut imprimée à Paris chez Jean-Louis Tiletan, sous ce titre : *Caroli V imperatoris expeditio in Africam ad Argeriam*, 1542, in-4° ; elle eut, la même année, quatre éditions successives à Anvers, à Strasbourg, à Nuremberg et à Venise, et fut l'objet de deux traductions françaises, publiées à peu près en même temps que l'original : à Paris, de la part de Benoît de Gourmont, et à Lyon, de la part de Pierre de Tolet, médecin de cette ville.

Cette dernière est la plus connue et a été reproduite par M. de Grammont à la suite du texte latin, à Paris, chez Aubry, en 1874, dans son intéressante brochure : *Relation de l'expédition de Charles-Quint contre Alger, par Nicolas Durand de Villegaignon, suivie de la traduction du texte latin par Pierre Tolet.*

Les amis des lettres et de l'histoire ont su gré à M. de Grammont d'avoir publié ces deux documents qui n'avaient pas été réimprimés depuis 332 ans ; il les a fait suivre de notes précieuses qui complètent l'historique de l'expédition d'Alger en général et des opérations militaires en particulier. Son unique motif n'a pas été de rééditer deux rarissimes plaquettes ; il a eu surtout en vue de mettre en lumière l'histoire d'une guerre où les vaillants de notre pays ont tenu le plus honorable rang. Il n'avait pu se résigner, et ce sentiment honore son patriotisme, à accepter l'oubli dans lequel on laissait ensevelis des faits aussi glorieux.

Nous désirons compléter, s'il est possible, l'œuvre de réparation qu'il a entreprise, en mettant au jour pour la première fois une nouvelle relation du siège d'Alger par Charles-Quint, émanant de la même plume française.

La relation latine adressée, sous forme de lettre, à M. de Langey était destinée à la publicité. Mais elle avait été précédée d'une autre lettre, d'un caractère intime et familier ; Villegagnon nous l'apprend lui-même au début de son récit.

« *Par mes dernières lettres,* dit-il, vous ay signifié comment je m'en alloys droit à vous ». Les mots *superioribus meis litteris,* que le médecin Tolet traduit ainsi, font évidemment allusion à une lettre antérieure.

C'est cette première lettre, dont nous sommes heureux de pouvoir offrir le texte au comité des travaux historiques. Elle fut écrite une semaine seulement après la levée du siège d'Alger, et confiée par Villegagnon à l'un de ses compagnons, Jean de Beaumont, seigneur de Glenay en Poitou, qui devait l'apporter en France.

Une copie du temps provenant des archives du château des Bories, commune d'Antonne (Dordogne), a été trouvée par M. Cailliac, conservateur de la bibliothèque municipale de Périgueux, parmi les papiers légués à la Ville par le dernier des marquis de Saint-Astier.

Voici cette lettre, littéralement transcrite d'après l'original, avec la lettre d'envoi qui la suit :

MONSEIGNEUR,

La plus miserable et plus malleureuse journee que fust oncques de souvenence dhomme a esté celle que les crestiens avoient le vingt cinquiesme jour d'octoubre devant Argier (1). Deux jours auparavent se monstrant le

---

(1) Alger.

temps a nostre faveur nous avons desbarqué le camp sans grand perte et sans destourbier et avoit esté conduicte en bonne ordonnence jusques assés prez de la ville, tellement que an despit de toutz les mores nostre avant garde que fasoient les espaigneulz gaigna les montaignes dont ceulx mores nous pouvoient surprandre et la bataille en laquelle ilz estoient. Les allemens, et en leur compaigne lempereur, estoit lougee sur des collines du hault desquelles on pouvoit voir tout ce qui sortoit d'Argier. Et un peu plus bas le long de la marine estoient les ytalliens ala reyregarde et les chivalliers de Rhodes avec eulx qui estoient aux premieres filieres. Veunant le soir comme tout le monde commancoit a ce foyr du beau chemyn quon avoit faict tout le jour et des bons lougis qu'on avoit gaignés, commanca le temps a se charger et se mect a la pluye avec grandz ventz et orages qui ne cessarent toute la nuyct de sorte qu'il ny eust souldal que en ung moment ne fust aussi moulhé que sil eust esté jecté dedans la mer. Et neantmoingtz il nous failloit emporter tout au moingtz mal que nous fust possible devant le poinct du jour et le temps que nous esperions se devoir admender se commanca fort a empirer qui donna belle occasion aux turcz, laquelle ils ne layssarent couller dentreprandre a nous deffaire. Eulx doncques voyans combien nous estions molestez de l'eaue qu'avions enduré toute la nuyct sortirent en ung gros escaudor de chevaulx entremeslés de gens a pied armés darbalestes et lances gayes pour ce que pour lors nostre arquebuyerie qui estoit grande nous demeura inutille et nous vindrent charger dune tres grande ardiesse ; mais voyant que nous leur faisions teste monstrarent soubdainement davoir peur et commancarent a tourner les espaulles et foyans vers la ville comme gens rompeuz, dont nous gens estans mal advertis commancarent a escrier victorie et avecques grande allegrance avoir (2) apres telle-

---

(2) Le sens exige *courir*. Le copiste, évidemment, a péché par inadvertance.

ment que en peu dheure nous trouvasmes aupres de la muraille de la ville, et eulx de peur que nous nentrassions pesle mesle avec eulx se retirarent partie dedans le fossé du loing de la muraille et partie fermarent la porte, au moyen de quoy demeurasmes, comme lon dict en commun proverbe, au pied du meur sans eschelle. Ce voyant les enemys deschargearent toute lartillerie tant grosse que meneue contre nous, et, oultre l'artillerie, nespargnarent flesches ne arbalestes dont nous victorieux Italliens se sentirent maltraictés et se retirarent aussi dilligement que y estoient venuz, sans ce quil fust jamais en la puissance dhomme du monde leur faire tourner le visage, et demeura la bauderie de la religion avec partie des chivalliers seulle à soustenir cette fureur, ce quelle fist si heureusement graces a dieu que avecques petite perte de gens nous nous retirasmes en ung destroit par nous estions venus et là nous accoustrasmes les picques couchées, attendens quelque secours, ce que nous eussions faict en vain se neust esté que lempereur y vint en parsonne en la bataille. Or, Monseigneur, estant en ce destroit feusmes chargés si empetueusement de tous les tourcz que sortirent de ladicte ville que grande avanture fust que nous ne fismes enfoncés, car nous navions que des picquetz et eulx avoient forces arbalestes darcz et lances gayes dont ils nous molestarent si fort que peu des nostres demeurarent quilz ne fussent fort blessez. Dont je feuz de ce nombre : car ainsin que jestoys en la première filière pour la soubstenir jestays necessairement des plus expousés en dangier. Nous vismes main à main et eux arrivarent jusques escoradon la lance au poing dont je fuz blessé dune dedans le genoilh si estroit que la lance demeura dedans et dung cop de guerout dedans le cousté gauche qui nentra plus dung tourt de main dedans le courptz. Je me blessay ung peu en araschant la lance dung aultre qui venoit contre moy qui est cause que je ne vous puys escripre de ma

main sinon peu de ligne. Sur ces entrefaictes, croissoit le
nombre deux et nous affablissions tellement que ne pou-
vions plus soubstenir et desja nostre retraicte ressembloit
plus a fuyte que a retraicte. Je troinay bien trente pas la
lance pendente a mon genoilh et nestoit possible je me
saulvasse ny persoune de nous, neust esté que lempereur
arriva avec la bataille des lansquanetz, lesquelz de prime
fasse branslarent estant pres de se mectre en route, mais
la presence de lempereur fust cause quilz tindrent meil-
lieure contennence. Or, pendant que nous estions si mal
traictés en tout, nostre armee de mer passoit encores plus
grand fortune. Lon voyoit les galleres jusques au nombre
de quinze se aller perdre et rompre en terre et les hommes qui sortoient de dans estre thués et lanceyés des
mores qui les attendoient en terre. Les aultres qui te-
noient fort estoient couvertes d'eaues, gastarent les bayons,
la pauesada, le biscuyt et toute la charge de sorte quelles
demeurarent toutes sans deaue, sans boys et sans pain, et
ne peult estre quelles ne seuffrent encores beaucop. Les
navires rondz en partie furent enfondrés en eaue, les
aultres demeurarent en terre a travers, que fust la plus
grand misere et piteuse a voir que soit advenue en
nostre temps ny de memoire des nostres. Contre tant
de incommoditez lempereur ne peult prendre autre parti
que de faire lever son camp de la ou il estoit et le faire
retirer la part ou se venoient rompre les navires, chouse
que saulva la vie a beaucop de mariniers. Avecques
toutes ses chouses le camp estoit affamé, car le desbarque-
ment fust si subist que lon ne desbarqua victualles que
pour deux jours esperant que puys apres les galleres suy-
vans le camp le pourroient comodement avictualler a toutes
heures. Devantaige il y avoit fort peu de boys pour se
chauffer et se resuyer et si deura la pluye plus de soixante
heures sans discontinuer ny nuict ny jour et navoient les
pouvres souldars a la soubstenir si non le colet seule-

ment. Contre la famyne se donna quelque remède parce-
que lempereur donna liberté de thuer ses chevaulx dont lon
eust ung peu entretenir, mais contre la pluie ne se trouva
jamais remède. Vauien lempereur de tant dinfortunes
proupouse de sen retourner en Espaigne remectant le
voiaige a une aultreffoys. Le nombre des marriniers pardeues entre gros et petis sont jusques a present envyron
de cent ou plus et grande quantité d'artillerie et dhomes
lesquelz lon extimoit a plus de trente mille. Voyla lisseue
de notre si brave et si vehemente entreprinse. Jespere apres
avoir recouvert la santé vous mander les chouses plus par
le menu. Maintenant par la grand doulleur que je sens ne
puis avoir mémoire du tout. Ce que jespere, supplira le
pourteur de ses presentes que jay prié aller pour ce faire
et ny a homme au camp quen puisse rendre meillieur,
car il estoit present comme moy. Javoys oblié à vous dire
que entre les galleres pardeues y en avoit unze du prince
Doria et entre aultres trouva celle de Janniecton (1) Doria
qui a peine se saulva la vie et ne leust fait sans le moyen
de larmée de nostre camp comme je vous ay conté. Lam-
bassadeur d'Anglaterre se saulva tout neud nayant seulle-
ment une chemise pour se couvrir. Il y a aujourdhuy sept
jours quon a esté en ceste langueur que je vous conte,
mais aujourd'uy on a commancé a embarquer les ytalliens et ne fera lon aultre chouse que ne soyons embar-
qués. Les espaignolz sen retournent en Sicille, les ytalliens
se dict on layssés en leur pays, les pouvres lansquanetz
sont autant mortz que vifz. Il ne se dict poinct encores
pour certain ce quilz ont de devenir. Il vous plaira, Mon-
seigueur, faire mes excuses a monseigneur le mares-
chal (2) de ce que je luy ay escript et si nestoit de

---

(1) Gianettino, neveu de l'amiral Doria.

(2) Le connétable Anne de Montmorency. Dix ans plus tard, Villegagnon
devait apprendre de lui le dessein formé par les Turcs de chasser les
chevaliers de Saint-Jean-de-Jérusalem de l'île de Malte, que Charles-

peur de sembler trop audacieux, je vous prieroys dy entremesler ung mot de mes recommandations tres humbles, que sera fin, Monseigneur, apres avoir prié le createur vous donner en tres parfaicte saincté longue vie laccomplissement de vous desirs. Escript en gallere devant Argier ce dit jour doctoubre mil cinq cens quarante ung. Jay peur ayde de mes lettres descharge que me sera bien grande incommodité en la necessité ou je suys, car larmee ne va poinct ou mon argent se adresse ny mon chamyn aussi ; je pance men aller descendre a Barssallonne et la je tireray le chamyn qui me sera plus a propoux. Vostre tres humble et tres hobeyssant serviteur,

VILLEGAIGNON.

Aultres Lettres

Monseigneur, je nay volleu laysser passer ceste occasion sans escripre ce mot et vous envoier le double dune lettre envoiée a monsieur mon maistre par le chivallier de Villegaignon qui est demeuré blessé devant Argier ou il fust envoyé par monseigneur, et apportée par le chivallier de Glenay qui arriva yer et parla au Roy. Oultre ce quest contenu en ladicte lettre le dit pourteur dict que depuys et de son sceu il cest pardeu de quarante a cinquante grandz vaysseaulx mesmement celluy sur lequel il nestoit embarqué que entra en fondz en lung dez portz de Maioric-

---

Quint leur avait donnée en 1530. Notre chevalier s'y transporta, en avertit le grand-maître Jean d'Omède, et l'on se prépara à se défendre. La vigueur fut si grande de la part des chevaliers que les Turs échouèrent dans cette guerre, dont Villegagnon à son retour en France devait aussi composer la relation.

quel. Touteffois se saulvarent les hommes entre lesquelz vaysseaulx estoit aussi le gros gallion du prince Doria sur lequel estoit bien sept cens espaignelz gens deslite et bons mariniers que furent aussi effoncés vollant prendre port en Corseique. Despuys et encores présentement a receu monseigneur lettres de Ligorne (1) par lesquelles il a eu advis que ung corrier y arrivant de Buguye (2) et apportant lettres du dict prince Doria contenens que lempereur estoit arrivé au dit Buguye deliberoit de se retirer au premier bon vent en Espaigne. Le pouvre prince ne se peult eschapper de ce maulvais traitement sans grand perte que lui servira du foyt a ses derniers jours. Prie a dieu que luy dont ce que luy est necessaire et qui sera lendroit ou pour la haste je finiray cette lettre par mes tres humbles recommandations a vostre bonne grace. De Fontnebleau ce treize de decembre.

Pour copie conforme :

F. Cailliac,

Bibliothécaire de la ville de Périgueux.

S'il faut en croire l'auteur inconnu de cette dernière lettre d'envoi, le chevalier de Villegagnon n'aurait pris part à l'expédition dont il a été à la fois l'un des héros et l'historien, que sur l'ordre même du seigneur de Langey. On sait par Brantôme que ce dernier passait pour la personne la mieux informée de son temps sur les événements contemporains, notamment sur les faits et gestes de Charles-Quint : il ne négligeait rien, paraît-il, pour être constamment tenu au courant des nouvelles politiques. Il « estoit, dit notre chroniqueur, fort curieux de prendre langue et avoit avis de toutes parts : de sorte qu'ordinairement il en

---

(1) Livourne.
(2) Bougie.

avoit de très bons et vrais, jusqu'à savoir les plus privés secrets de l'empereur et de ses généraux, voire de tous les princes de l'Europe, dont l'on s'estonnoit fort, et l'on pensoit qu'il eût un esprit familier qui le servit en cela. » Comme il avait entrepris une histoire de son temps, il n'est point surprenant qu'il cherchât à s'instruire de tout ce qui se passait en Europe.

Villegagnon, qui connaissait l'inclination de M. de Langey, se fit un devoir de lui envoyer, dès que cela lui fut possible, un récit détaillé de la campagne qui venait de se terminer d'une façon si lamentable. Il était encore dans la rade d'Alger, sur la galère qui devait le ramener, lorsqu'il rédigea cette relation ; il en avait écrit lui-même les premières lignes, mais il ne put l'achever à cause de la blessure qu'il avait reçue à la main en détournant une lance qui le menaçait ; il en dicta le reste à l'un de ses serviteurs.

Il comptait bien que cette première lettre suffirait pour calmer l'impatience de son maître ; mais il le savait si curieux des moindres détails des événements, qu'il crut devoir lui annoncer une seconde relation, encore plus détaillée, d'une expédition qui avait fait tant de bruit en Europe : « J'espère, après avoir recouvert la santé vous mander les chouses plus par le menu ».

On a pu vanter avec raison le style sobre et net de la narration latine, son élégance que n'encombre aucune périphrase inutile ; mais que devra-t-on dire de la remarquable concision de la lettre française ?

S'il y résume en trop peu de lignes les diverses escarmouches qui précédèrent la marche générale sur Alger, Villegagnon ne se perd pas du moins en détails fatigants sur les préparatifs militaires qui, dans le récit public, forment un préambule hors de proportion avec la suite.

Mais sans nous attarder dans une comparaison où l'écrivain français n'aurait rien à céder au narrateur latin, nous devons signaler quelques particularités que le dernier a sans doute jugé à propos de négliger.

Ce qu'il importe avant tout de remarquer, c'est que, dans sa relation latine, l'auteur ne donne pas une seule date : c'est un reproche qui lui a été fait à juste titre. On sait combien celle du débarquement de l'armée de Charles-Quint a été contestée ; elle a donné lieu à de nombreuses erreurs qui eussent été évitées pour

la plupart, si l'on eût connu la lettre de la bibliothèque de Périgueux. Dans sa publication, il n'a pas même songé à déterminer
ce point, qui eût permis d'établir sur son récit le journal des
opérations. Avec la *Lettre*, il n'y a plus de doute possible : dès
la troisième ligne, il déplore la journée du 25 octobre 1541, parle
du débarquement qui avait eu lieu deux jours auparavant, et
indique plus loin le septième jour comme la date de sa lettre,
c'est-à-dire le lundi 31 octobre. Ces dates sont parfaitement d'accord avec le journal de Vandenesse, qui a enregistré les événements jour par jour avec un soin religieux, aussi bien qu'avec le
récit de Sandoval et ceux de Ferreras et de Mariana.

Villegagnon insiste de préférence sur le combat qui eut lieu le
mardi 25 octobre, à Ras-Tafoura qui est aujourd'hui l'emplacement du fort de Bab-Azoun. Dans le récit latin, il n'a qu'une
phrase : *Salutis nostra subsidium in virtute positum*, pour rappeler la résistance héroïque des chevaliers de Saint-Jean de Jérusalem ; et, parlant de lui-même, qui se montra si brave dans
leurs rangs, il se contente de dire qu'il fut emporté très grièvement blessé : *quum gravissime saucius ereptus essem et vehementer ex vulneribus laborarem.*

A ce propos, les anciens chroniqueurs se sont plu à attribuer à Villegagnon, qui joignait aux dons de l'esprit toutes les
qualités extérieures de force, de mâle beauté et de courage, divers
traits que sa vigueur musculaire pourrait rendre croyables. Vertot,
d'après une relation adressée au pape Paul III par le secrétaire de
son légat, prétend que, s'étant jeté avec l'impétuosité naturelle à sa
nation au milieu des infidèles, frère Nicolas de Villegagnon fut
blessé au bras gauche d'un coup de lance que lui aurait porté un
cavalier maure, mais qu'ayant manqué contre lui son coup de
pique, comme l'Algérien tournait son cheval pour lui donner un
second coup, le chevalier français, qui était d'une haute taille et
d'une force proportionnée à sa grandeur, sauta sur la croupe du
cheval de son ennemi, le poignarda et le jeta à terre.

La *Lettre* donne sur les blessures dont fut criblé ce héros les
renseignements les plus précis, qui mettront désormais à néant
toutes les fables dont on a enjolivé son histoire.

On a lu avec quelle sorte de dédain il narre la fuite du corps
italien qui formait l'aile droite, et lâcha pied dès le commence-

ment de l'action, à l'exception de quelques braves. Dans son récit public, c'est à peine s'il songe à se plaindre de ces Italiens, qui laissèrent les chevaliers de son ordre seuls à supporter tout l'effort de l'ennemi. On dirait qu'il cherche à les excuser en attribuant leur honteuse attitude à leur inexpérience en fait de guerre, *quibus non magnus esset usus militiæ*. Il ne souffle mot de l'aventure arrivée à l'ambassadeur d'Angleterre.

Il est un point sur lequel Villegagnon n'a jamais varié, c'est lorsqu'il parle de Charles-Quint. Il ne saurait oublier que, tandis que les chevaliers de Rhodes partageaient avec la gendarmerie espagnole l'honneur de protéger la retraite de l'armée, averti du grave péril où ils se trouvaient exposés, l'empereur était venu en personne les dégager avec quelques compagnies de lansquenets. Observons toutefois que dans la *Relation* il ne fait aucune allusion à ce premier mouvement de recul, dont les Allemands revinrent bientôt, il est vrai, grâce à la présence de leur chef, au courage personnel duquel les contemporains ont rendu un hommage mérité. Dans cet écrit, destiné à la publicité, son admiration y est exprimée avec plus de vivacité ; il cherche même à pallier la faute capitale qui fut commise, en entreprenant une expédition à l'époque habituelle des tempêtes ; *quum repentina calamitas incidit quæ vitari omnino non potuit* ; il est par trop évident, comme l'a fait ressortir M. de Grammont, qu'on n'ait pu éviter qu'il ne fît une tempête, mais quelques précautions de prudence eussent suffi pour empêcher le désastre. Hâtons-nous de dire que, dès la déroute, l'empereur redevint un grand chef d'armée.

Quant aux pertes d'hommes et de vaisseaux, Villegagnon n'a pu, à cause de l'état où l'avaient condamné ses blessures, nous en faire connaître exactement le chiffre ; on a connu depuis le sort réservé à l'un des plus grands armements de ce siècle. La fin de la *Relation* forme une suite naturelle de la *Lettre*, qui s'arrête au moment où l'on commença à embarquer les troupes.

Nous nous bornerons à ces quelques indications. Quoi qu'il en soit, les deux documents que nous venons de comparer ne sauraient être consultés séparément. Celui qui voudra étudier l'histoire de l'expédition de Charles-Quint tiendra à opposer au récit quasi-officiel, composé par Villegagnon dans le calme de la retraite, la narration familière écrite par lui au lendemain du

siège, devant Alger, sous l'impression même des événements.
L'auteur n'a pas eu à garder dans cette dernière les ménagements
que comportait un écrit destiné à être répandu par la presse
dans l'Europe entière. Et c'est précisément ce caractère de fran-
chise et d'abandon, cette note confidentielle et personnelle, qui
font de la *Lettre* que nous publions un document d'une haute
valeur historique.